AF617556

PASAJERO EN LA NIEBLA

Fernando León

PASAJERO EN LA NIEBLA

Colección Leche de Burra

Poesía

editamás

Primera edición: julio 2025

Foto de solapa: Christian Polanco
Dibujos a plumilla de cubiertas e interior: Fernando León

EDITA:
Editamás, editorial y contenidos digitales

DEPÓSITO LEGAL:
BA-000446-2025

ISBN:
978-84-120502-4-0

MAQUETACIÓN, IMPRESIÓN Y PEDIDOS:
www.editamas.com
924 18 07 91

prefacio

Nos hallamos en un contexto civilizatorio en torno a la poesía en tiempos difíciles -y ricos-, que aun con amenazas e incertidumbres espero sea cada vez más vivo de convivencia pacífica, tolerante, creativa; con buen uso de la palabra, la razón, la política, la ciencia, el pensamiento y el arte para que los jóvenes no sean la parodia de profecía autocumplida que procuran sectores involucionistas que prostituyen el lenguaje para instalar un relato para justificar totalitarismos. La palabra y las lenguas son para comunicar y crear, no para hacer ruido. Para Borges, «la palabra es lo intrínseco». Y Hölderlin pide en *El Archipiélago* «Déjame escuchar el silencio en tus profundidades».

Con crisis climática, hambrunas, epidemias, pobreza, desigualdades, guerras, depredación de recursos, desinformación, desplazamientos masivos de refugiados e inmigrantes, parece que el mundo se va por un sumidero. Es el mensaje que los caudillos quieren instalar en la opinión pública, con el fin de hacer ver que la democracia y la institucionalidad no sirven, cuando lo cierto es que son la base para la convivencia y un desarrollo sostenible sustentado en los derechos humanos, cívicos, políticos, socioeconómicos, laborales, de igualdad y de justicia social. En realidad hay datos esperanzadores; índices que indican que se van resolviendo problemas, de poco a poco, no de modo uniforme ni todo el tiempo en todos los sitios, pero sí, con mucho esfuerzo se avanza. Y la poesía, como el resto de las artes, es un punto clave civilizatorio. Sí, es útil en su esencia creadora para iluminar en la oscuridad, nutrir la mente y el corazón, sanar heridas del alma y remover los panales del *statu quo* para polinizar los ecosistemas humanos.

María Zambrano propone en su *Razón poética:* «La poesía vendría a ser el pensamiento supremo para captar la realidad íntima de cada cosa, la realidad fluyente, movediza, la radical heterogeneidad del ser»; superando «la dicotomía entre la razón estrictamente lógica y la intuición», unidas en una noción superior que desarrolla en *La Razón en la sombra* y en *Claros del bosque*, explorando «la relación entre pensamiento racional y lo poético» para «comprender la realidad desde una perspectiva más completa y humana». Y aunque el consenso sobre realidad parece hoy roto, aún fortalece *la razón poética* que desmitifica el baudelairiano «ser sublime sin interrupción», tan purista, y tan agotador.

La razón poética -y su dimensión ética- que Zambrano halla en Parménides, Juan de la Cruz, Hölderlin, Machado, Heidegger, o Unamuno -que también ejercita el gremio *Maldito* , Baudelaire, Mallarmé, Rimbaud, o Nerval, Poe, Artaud, L´isle Adam, Kerouac, Ginsberg, Panero o Haro Ibars, cada uno en su ser-, lleva a «estar en la vida comprendiéndola en completud» y a buscar la propia. Como Celaya -cantado por Paco Ibáñez y Serrat-, no concibo la poesía «como un lujo cultural de los neutrales», ni lujo a secas; y su «arma cargada de futuro» -«de bromuro», diría Panero-, tiene sentido como metáfora de resistencia, como el de «alegría» para Almudena Grandes.

Escribe Heidegger en *Hölderlin y la esencia de la poesía* : «Sólo la poesía, que es la esencia del lenguaje, puede preparar adecuadamente el advenimiento del ser». Huidobro dice en *Altazor* : «Un poema es una cosa que nunca es, pero que debería ser». Virgilio lo condensa en un verso que puede explicar el mundo: «Los árboles se han repartido sus patrias». Baja a la calle Alberti en su *Encuentro metafísico* : «Hoy me tropecé con la vida en una esquina». Pacheco tiene en su «estética antipoética» la razón «de los desheredados». Valhondo halla en la poesía «el conocimiento del hombre». Ángel Campos desvela y oculta en *Cal-i-grafías* : «El día no contiene los espacios / ni el vacío habitable del poema / la imagen del que lo escribe.» Y Pessoa interpreta en *El poeta es un fingidor*, musicado por Silvia Pérez Cruz, que «El poeta es un fingidor. / Finge tan completamente / que hasta finge que es dolor / el dolor que en verdad siente».

Sirva esta introducción para compartir la razón poética del proyecto editorial *Colección Leche de burra*, expresamente creada para esta edición, que consta de cuatro inéditos: *Pasajero en la niebla, La piedad del crimen, Poemas en busca de libro* y *Versos des-a(l)mados;* y la reedición de *Babel - Al Límite* (opúsculos libros-objeto), *La pasión de un loco, Guillermina* -de 1983 a 2023, selección revisada y con algún texto más reciente-, y *Código iris* (2023/24). La edición es como lote de los ocho libros, o bien cada uno individualmente, diseñada con el esmero y la pulcritud con que se ha creado su contenido, que se presentó en una lectura pública titulada *De quimeras y entelequias* , en el Aula Ámbito Cultural, de Badajoz, en abril de 2025.

Pasajero en la niebla se escribió entre la cafetería del Museo Reina Sofía y el tren, durante una serie de viajes, entre 2003 y 2007, en el transcurso de un segundo periodo de psicoanálisis e intenso periplo de introspección y exoobservación. Se fue construyendo como expresión vital de los (intro)paisajes en los que el autor se veía y hallaba inmerso, interpretados en movimiento, desde/hacia el interior, en diálogo con parajes rurales, urbanos y estaciones de distintos entornos, como extractos de cuadros en fase de boceto, o bien que llegaban a fraguar en momentos diferentes y en modos distintos como paisajes de Ortega Muñoz, como figuras de Barjola, a veces con pulsiones impresionistas del ánimo y la experiencia, o bien de figuración expresiva en lo narrativo u otras en composiciones poéticas más abstractas, bosquejos tal como si fuesen poemas pintados y/o musicados o guionados para una serie de cortos a partir de una idea o de una situación. O de una experiencia interior, a partir de esas pulsiones externas con una visión escrutadora y compositiva, con los destellos y las opacidades del mundo actual, real o interpretado, un mundo contemporáneo, con una paleta o partitura de versos para golpear, para desvelar, para descomponer la realidad, para acompañar y quizás, para sanar.

«Los árboles se han repartido sus patrias.»
(*Bucólicas - Geórgicas*, Virgilio)

«Pues si a este viaje me abandono y voy temo que loca sea mi salida.»
«Nadie ha surcado el agua que navego.»
(*Divina Comedia*, Dante)

«La escuálida montaña se alejaba arrastrándose como esqueleto andante.»
(*El viajero*, Hölderlin)

«¡Este placer de alejarse!... / Lo molesto es la llegada. / Luego, el tren, el caminar, siempre nos hace soñar...»
(*El tren*, Antonio Machado)

De paso. Amanece

En una estación, de paso.
                                        Amanece.
Un estruendo urbano estremece
el tránsito del luego silencio.
Aún la noche se burla del sueño
y entorpece los desengaños
del alba en una campiña neblinada.

Un caudal de estrellas aun en su negrez
al orto se oculta en su primer fulgor.
Apenas alguien camina por los andenes.
Una mujer esquiva miradas ocultas,
indiferente al trasiego de deseos que
acechan mientras la ciudad duerme.

Cuando aún no llega la luz al alborecer,
las sombras se agazapan en el último
intento de evitar al lacero del crepúsculo.
Sin horizonte, los campos velan rayos
trémulos, contrapunto a la aurora, equilibrio
entre perder ilusiones y atar esperanzas.

No hay hombre nuevo; ni mujer.
Y dios es un vacío en la inmensidad,
ficción eterna, creíble acaso
en la encarnación del niño que teje
el único Parnaso verosímil, cuando la poesía
se cierne en su propio afán deconstructor.

Vestigios de la antigüedad revelan
hipótesis de un alma: fuego, códices, polifonía.
Afloran símbolos de una libido colectiva
que nos individualiza en veredas sin retorno
mirando atrás de continuo, en una huida
que simula un no estar solos en la oscuridad.

En una estación, de paso. Amanece.
Ignota espera, misterio, vapuleo de equilibrios
en un tren que parte poblado de pulsiones
enrailadas, trayecto de luz y olor a carbonilla,
guiado por bandadas de pájaros entre montes,
valles, postes de telégrafo y ríos envenenados.

Se va el viejo paisaje, llegan otras soledades.
Fluyen ideas con remolinos de fondo, devenir
por la orografía de lo incierto: puentes, túneles,
dehesas con roquedales, la foto del pasaporte,
la angustia de un destino errátil ante la aduana
como apátrida en la frontera entre tú y tu yo.

Tránsito

Tránsito de madrugada. El sueño
serigrafía un paisanaje de rostros
macilentos. Trasiego en la terminal
de autocares con olor a gasóleo.

Carnal
exuberancia
despierta
al calor del estío durante el viaje.
Siluetas en trazos on(mo)dulan
la ensoñación
la quimera
del pasajero
que en la distancia
la añoranza
y la memoria
exhala su zozobra en la partida.

Pasos que se cruzan
y se mezclan
con miradas de melancolía,
como *saudade* de un Sur antiguo.

Alborada

Esa lejanía que agita la libídine primero
y luego embrida a quienes comparten la alborada
en un horizonte sin fronteras, sin sentirse por ello
unidos más allá de la comunión del instante.

No se sabe qué une o separa un sentimiento,
de lo objetivo; los sentidos, de lo imaginario.
Sí que hay nexos que urgen un paradero,
reposar; y volver luego al camino. Otra vez.

Niebla

La niebla espesa el bosque
confunde caminos y árboles
entre sombras que se evanescen.
El tren trepa de valles a llanuras
a mesetas y montañas.

Arrastra un anhelo; difumina
aromas sin colores, fragancias
de cuerpos vivos que duermen
hasta colmar de vacío el destino:
ausencias con destierro enredadas,
entre raíces y raíles que te espejan
en la espesura del bosque.

Tú fuera de ti

Entras al cuadro y esperas
una metamorfosis en la necesidad
de ser otro; otro quizá en otro
momento, en otro ámbito;
otro en cualquier otro lugar
para ser tú, fuera de ti;
otro tú en tu propio retrato.

Tú en primer plano con ánimo
ajeno, con una mirada abstracta
en dirección al guardagujas,
o figurada, sin rostro, al nudo
de vías que se cruzan, como tú
y tu otro yo en tu propio relato,
los dos ya metamorfoseados.

Arte opaco

La opacidad trasluce
la zona oscura del arte,
navegar contracorriente en busca
del alma atómica
                    de un yo
                                        con llagas
que rastrea su obra en la indecisión
somatizada por su ideal de orden,
una lírica en atmósferas que cambian
entre volúmenes, colores y formas
obsesionado,
                neura tras neura,
en su delirio.

Arde el aire

Arde el aire y nos consume.
Corona la melancolía el fuego
a punto de diluir un amago
de fantasía en sensualidad.

Instala su llama la utopía,
arroja pasión a la candela
autocandescente y empuja
a la musa al destierro.

Queda un aroma a dolor,
substancia de un recuerdo
errante que se propaga y diluye
en un serpentín de humo.

Arde así el aire
y nos consume
con la niñez
extinguida.

Sueño inflamable de otro

Somos el sueño
                    inflamable
                                        de alguien,
mera opinión ajena que amenaza
con extinguirnos por diferentes.

Enemigos de nosotros mismos;
exorcismo al ángel caído
que nos acompaña e hiere
con soliloquios enajenados
en cochecama de clase turista.

Promesa de la imagen divina
que nos devora y mutila hasta fenecer
en la oscuridad de un rincón de nuestro
espectro, viaje astral a través
del sueño
            inflamable
                        de otro.

Sin retorno

Avisa una bocina
                    al pastor
y asusta a los rebaños.
La máquina vitaliza el terruño
en su estupor.
                El páramo
templa la excitación del viaje
al saberte sin retorno, ya,
a tiempos del día de antes.

Otro presente

Piensa el trayecto
de vuelta al edén.
Visión entre brumas
que ocultan heridas,
restos de un presente,
            otro presente,
distinto del soñado.

Cruce de miedos

En duermevela
el movimiento es un cruce
de líneas
paralelas de color
dominante.
Sensación confusa de transporte
sin que el destino te consulte.
Y uno duda si responder
por el miedo
siempre alerta
a salir de la vereda, al adiós,
al vértigo de la soledad,
a la fuga del instinto;
miedo a un viaje sin destino,
sin descanso,
tan codiciado éste, al fin.

Apeaderos

Espasmos en apeaderos,
trasiego de cráneos desbordados
de sueños encriptados que bloquean
el centro neurálgico del poder
propio, durante la parada.
                                        Y despertarse; partir
de nuevo con la respiración bronca,
el humor aterido en otro trayecto, vital
en su enfoque de poema-río en prosa,
al socaire de otro cargadero en su andén
y seguir en verso libre sobre raíl
en busca de otro destino.

Buscas, o huyes

Enclaustrado, transitas
en dolida segunda clase
sin saber si buscas, o huyes,
con añoranza, o temor a que te interpele
un ángel de la guarda en tu búsqueda
aún lejos del cénit; o te haga
una señal y ceses en tu fuga.

Norte a la espalda

Introspección
por la imagen olvidada
tras de aquel beso.

Brújula descompensada
sabor más que recuerdo
evocación de su fragancia.

Un nuevo norte esperando
a tu espalda, ese afecto tan ajeno
con y contra su magnetismo.

Dehesa, vanguardia

Se hace a la dehesa el espíritu,
a la densidad del pastoreo.
La vanguardia transfiere su síntesis
a las tonalidades, a la composición;
fractura el azar y la luz; da su signo
al campanario y lo convierte en verso,
símbolo troquelado de materia ajena
con sonido propio al tañer de sus campanas.

Amenaza ruina

En la planicie, al son
de una locomotora, los pueblos
fraguan su futuro en manchas
                                        en figuras
contra la amnesia del viajero.

Mutación de adobe que la velocidad
horada de lado
                                    a lado
                                                    y deja atrás
otras imágenes de un tiempo
aún no definido
que amenaza ruina.

Olvido

Como añoranza de lo deseado,
sólo una impresión en la retina.
Vuelves a mirar por la ventanilla
y ves volar en bandadas
                                        los recuerdos.
Principio del olvido.

Yerro

Engaña la niebla.
Yerra el caminante
entre sotobosques y prados.
Los rebaños de ovejas se adhieren
a la silueta del promontorio
como una pincelada ocre,
nébula de olor a invierno.

Proporciones

El pasajero se entretiene
con las proporciones precisas
del castillo por entre las veredas
y los montes pelados.

De las albarranas en el horizonte;
con esas composiciones
entretiene la mirada, antes
del final abrupto de la llanura.

Geoverso

Como paseante
se convierte
en vértice de un poema
tectónico
mineral
de geoversos sin tropos;
paseo
en el que briznas de hierba
pastos y cielo no son sólo
poesía; son
el constructo del silencio
y su armonía, paso
a paso,
del subsuelo a la copa del árbol.

Pasajero en la niebla

Aúlla su licantropía
en el epicentro del lienzo
de arbustos desbrozado.
Olfatea la rehala en la estación,
persigue su rastro, se apela
y se transfigura en síncopas
para entrar en la armonía
del páramo y su luna, para ser
a modo de virtud neoexistencial
la melodía que apacigua
a su yo-lobo, ahora ya
como pasajero en la niebla.

Isla del día de antes

Para volver voy.
Recuerdos que persuaden
por entre campos adustos;
sueños que deambulan
por entre encinas como versículos,
salteadas entre cercas de pedrería.

El destino es el punto de partida
tras la circunvalación del tiempo
en travesía a *la Isla del día de antes*
y desde ahí, por esos campos de trazos
de imposible destilo, adondequiera.

Para volver voy, puesto
en trasiego de gerundios
por caminos de serventía cargado
de libros y en pos de tus ausencias.

Piedra de toque

Apeadero, piedra de toque,
centro neurálgico de poder
en el trayecto de principio a fin.

Figuración de vida en el viaje,
síntesis de camino y devenir en pasos
hasta la templanza del regreso.

Travesía

Travesía astral con dos puntos de fuga
en el horizonte, tras archipiélagos
de islas hechizadas; constelaciones
de intromar en un orbe de simetría inversa;
y en él, la Ítaca del regreso diferido.

Introspección en viajes concatenados,
transformarse en el paraje mismo,
rastreo dentro y fuera del ecosistema.
Sueños en la encrucijada con
el tra-tra-queteo-tra-del-tren
de Troya en tu *Odisea* de provincia.

Versos-escudo

Cualquier interpretación puede ser fingida,
cualquier malentendido posible si no hay
versos en el deambular de pensamiento y arte
que cieguen la involución al miedo y al delirio,
sin un poema ilíaco del libre albedrío, civilizado.

Así habéis de penetrar las almas, sacudir
las mentes, encerar los cuerpos, lamer las entrañas
y durante el viaje veréis lo simple que soy,
la inmensa llaneza de mi verbo, la voz nublada
en su ingravidez y a mí, como la razón que duda.

Se evanesce con el habla truncada mi pudor
condensado; cayóseme la hoja de parra y desnudo
voy por oasis donde cantan voces guerreras, donde
acarician alas de pétalos de rosas con espinas.
Y yo, falto, voy con sólo versos por escudo.

Distancia invertida

Tras de la nada
                                        prolongada
de tanto andarla
                                        se abre un sendero
un rastro entre vías uncidas
por la distancia que las separa.

El libro Pasajero en la niebla de la colección
LECHE DE BURRA
terminó de editarse e imprimirse
el día 30 de Julio de 2025
en los talleres gráficos de
Editamás editorial de Badajoz.